SAUERLÄNDER

Johannes Lauterbach, ist der Entspannungsexperte. Er zeigt Menschen, wie sie sich jederzeit und an jedem Ort aktiv entspannen können. Er war viele Jahre Moderator beim RBB und bietet heute als Gesundheits-, Logosynthese- und Lifecoach Seminare zu den Themen Stressbewältigung, Achtsamkeit und Selbstfürsorge an.

Henning Löhlein ist in Bonn aufgewachsen und hat in Südfrankreich Kunst und Design studiert. Durch einen Studienaustausch kam er nach England, wo er die Illustration für sich entdeckte. Die Lebensweise und der Humor der Engländer gefielen ihm so gut, dass er auch heute noch in Bristol lebt und arbeitet.

Weitere Informationen zum Kinder- und Jugendbuchprogramm der S. Fischer Verlage finden Sie unter www.fischerverlage.de

JOHANNES LAUTERBACH

Schlaf gut mit
BABUBA

**Gute-Nacht-Geschichten
zum Entspannen**

Mit Illustrationen von Henning Löhlein

FISCHER | SAUERLÄNDER

Inhalt

Liebe Vorleser*innen,

in der heutigen Zeit brauchen Kinder mehr denn je Entspannungs- und Ruhephasen, um gesund zu bleiben. Nur so können sie die vielen Reize, Eindrücke und Erlebnisse, die sie den ganzen Tag über haben, verarbeiten.

Mit den Babuba-Geschichten möchte ich dazu einen Beitrag leisten. Das Besondere bei Babuba: Die Kinder nehmen aktiv an den Geschichten teil – zumindest in ihrer Fantasie. Sie fliegen mit Babuba ins Universum und erleben dort zusammen kleine Abenteuer. In jeder Geschichte gibt es zwei kurze Sequenzen, die den Kindern helfen, zur Ruhe zu kommen. Damit führe ich die Kinder spielerisch an Entspannungstechniken heran.

Ich erinnere mich noch gut daran, wie mir meine Eltern früher abends vorgelesen haben. Wir saßen im Bett und tauchten gemeinsam in die Geschichten und Abenteuer ein. Später habe ich dann auch meinen Kindern vorgelesen – und ich stellte fest: Auch mir half das abendliche Ritual, nach einem anstrengenden Tag runterzukommen. Eine gemeinsame Vorlesezeit hilft also nicht nur Kindern, zur Ruhe zu kommen, sondern auch uns Erwachsenen.

Vorlesen ist mehr als nur lautes Lesen. Es ist eine gemeinsame Reise, bei der die Kinder unsere volle Aufmerksamkeit haben. Stress oder kleine Streitigkeiten, die wir tagsüber vielleicht miteinander hatten, sind dann ganz schnell vergessen. Vorlesen schafft Nähe, Vertrauen und stärkt den Zusammenhalt.

Und Vorlesen hat auch noch andere positive Effekte für unsere Kinder. Sie begegnen in den Geschichten neuen Begriffen und Formulierungen. Dadurch vergrößert sich ganz automatisch ihr Wortschatz. Sie lernen in den Geschichten unterschiedliche Gefühle und Gedanken ihrer Held*innen kennen und verstehen. Das hilft ihnen beim Umgang mit anderen Kindern – auch wenn es mal Konflikte gibt. Sie lernen, für eine längere Zeit aufmerksam zu sein und Informationen aufzunehmen – zwei wichtige Fähigkeiten, die ihnen später in vielen Bereichen ihres Lebens helfen werden. Sie stellen sich in ihrer Fantasie vor, wie die beschriebenen Figuren und die Welt in den Geschichten aussehen, und spinnen oder spielen die Geschichten weiter. Kreativität und freies Denken werden gefördert. Und nicht zu vergessen: Wenn wir uns mit unseren Kindern ins Bett kuscheln und ihnen vorlesen, schaffen wir schöne Erinnerungen, die ein Leben lang halten – so wie bei mir.

Ihr könnt das Vorlesen noch spannender gestalten, wenn ihr mit den Kindern abends gemeinsam den Sternenhimmel betrachtet – besonders im Urlaub macht das großen Spaß. Ihr könnt dabei überlegen, wo sich am Sternenhimmel Babubas

Heimatplanet Tum-Tum befinden könnte. Oder ihr haltet Ausschau nach dem Planeten der bunten Drachen. Vielleicht versucht ihr auch, das Schnarchen von Wal Wummi zu hören. Mit etwas Glück seht ihr eine Sternschnuppe. Wer weiß, vielleicht ist das ja Babuba selbst.

Noch ein kleiner Hinweis an euch: Bitte behaltet auch während der kurzen Entspannungsübungen in den Geschichten (*blau-kursive Schrift*) euren ganz normalen Vorlesestil bei. Versucht nicht, besonders beruhigend zu sprechen. Bleibt ganz natürlich, entspannt – und liebevoll. Ihr könnt die Entspannungsübungen auch kürzen und nur ein, zwei oder drei Entspannungssätze vorlesen. Oder ihr überspringt die Übungen und lest einfach weiter die Geschichte vor. Alles ist möglich. Macht es so, wie es sich in der Situation für euch am besten anfühlt.

Johannes Lauterbach

Babuba und die Mondlinge

Immer, wenn du nachts am Himmel eine Sternschnuppe siehst, dann ist das vielleicht Babuba, der mal wieder ein Kind zu einer kleinen Reise abholen will.

Babuba sieht fast so aus wie ein großer Bär. Er hat dickes goldenes Fell mit roten Punkten, die im Dunkeln leuchten, und am Bauch hat er so eine Art Beutel – genau wie ein Känguru. Kängurus tragen ihre kleinen Kinder darin, bis sie groß genug sind, um allein umherzuhüpfen. Babubas Beutel ist noch ein bisschen größer, und es ist kuschelig warm und richtig schön gemütlich darin.

Babuba lebt auf dem Planeten Tum-Tum, der am Rande unserer Milchstraße um eine große goldene Sonne kreist. Die Bewohner von Tum-Tum, die Tum-Tumianer, können fliegen, oder besser gesagt: Sie wünschen sich irgendwohin, und schwuppdiwupp sind sie auch schon da. Auch Babuba kann natürlich fliegen, und da es ihm auf Tum-Tum oft zu langweilig ist, wünscht er sich fast jede Nacht zu seinen Freunden auf die Erde.

Am Anfang hatte Babuba noch Probleme beim Landen. Er krachte oft ziemlich laut auf das Fensterbrett, auf dem er landen wollte, und weckte dadurch alle Menschen im Haus. Aber seitdem er ein bisschen früher mit dem Bremsen anfängt, landet er ganz sanft und leise. Und heute ist Babuba bei dir gelandet.

Wenn du Lust hast, kannst du jetzt mit Babuba zu einem weit entfernten Planeten fliegen. Ihr besucht seine Freunde und erlebt miteinander das eine oder andere kleine Abenteuer.

Stell dir einfach vor, du kletterst in den Beutel von Babuba – und zwar so, dass nur noch dein Kopf rausguckt. Mit deinen Händen kannst du dich am oberen Rand des Beutels festhalten. Wenn du willst, kannst du auch dein Lieblingsstofftier, eine Kuscheldecke oder ein kleines Kissen mitnehmen. Mach es dir richtig gemütlich.

Jetzt geht eure Reise los. Wie immer, wenn Babuba startet, streckt er seinen linken Arm in die Luft, zählt bis drei und wünscht sich dann aus dem Haus hinaus. Wenn du willst, kannst du mitzählen. Also: Eins, zwei, drei – und los!

Wow, es hat geklappt! Ihr seid aus dem Haus hinausgeflogen und schwebt über den Dächern der Stadt. Du siehst unter dir Häuser, Straßen, Autos und Bäume im Mondschein. Du spürst den Wind in deinen Haaren, und du fühlst dich richtig wohl. Wenn du nach oben schaust, siehst du am Himmel viele kleine Sterne. Und auch den Mond kannst du sehen.

Langsam fliegt ihr immer höher. Die Häuser, Straßen und Bäume werden immer kleiner. Ihr fliegt höher und höher. Als ihr durch eine kleine, weiße Wolke fliegt, ist es plötzlich ganz neblig. Doch schon im nächsten Moment ist alles wieder ganz klar. Die Erde liegt jetzt unter euch. Du siehst die blauen Ozeane, die weißen Wolken und auch die braunen Kontinente. Irgendwo dort unten lebst du.

Ihr seid nun im Weltraum. Du fühlst dich leicht, und du staunst über die vielen Sterne. Da sind große und kleine, helle und weniger helle Sterne. Manche sind in deiner Nähe, andere sind ganz weit weg.

Babuba kennt das hier natürlich alles, und er erklärt dir, dass jeder Stern einen bestimmten Ton macht. Und dass alle Töne zusammen eine ganz tolle Melodie ergeben. Sie hört sich ein bisschen an wie dein Lieblingslied im Kindergarten oder in der Schule.

Ihr fliegt weiter und weiter durch den Weltraum, und du kuschelst dich in Babubas Beutel ein. Bei Babuba bist du sicher und geborgen. Ihr beide seid ein tolles Team. Du spürst, wie Babuba ein- und ausatmet und dabei leise brummt. Das macht er immer, wenn er richtig glücklich und zufrieden ist.

Und auch du kannst deinen Atem spüren.
Er kommt und geht, er strömt ein und aus,
ganz ruhig und gleichmäßig, ganz von allein.
Er strömt in deine Nasenlöcher rein und wieder raus,
deine Brust hebt und senkt sich,
auch dein Bauch hebt und senkt sich.

Du merkst, wie leicht und schön es ist,
auszuatmen und beim Ausatmen alle Luft loszulassen.
Sie verschwindet einfach im Weltraum.
Ihr fliegt immer weiter, immer weiter durch den Weltraum.
Du atmest ein und aus.
Dein Atem kommt und geht,
und du fühlst dich einfach wohl.

Hier im Weltraum gibt es nicht nur Sterne. Es gibt auch kleine Lichtfeen mit winzigen durchsichtig silbrigen Flügeln. Sie sind gerade mal ein wenig größer als ein Schmetterling, und sie machen lustige Sachen mit ihrem kleinen Zauberstab, den sie immer bei sich haben. Wenn sie dich mit ihrem Stab leicht berühren, dann leuchtest du für kurze Zeit grün oder gelb oder blau. Darüber freuen sich die kleinen Lichtfeen, und sie lachen und juchzen. Das klingt dann so, als ob ein Glöckchen läutet, und es macht glücklich.

Auch ihr trefft eine kleine Lichtfee. Sie begleitet euch ein kurzes Stück auf eurer Reise. Bevor sie euch verlässt, kitzelt sie Babubas Schnauze mit ihrem Zauberstab. Babuba muss kräftig niesen, und für einen kurzen Moment leuchtet seine Schnauze gelb. »Ist das eine freche Lichtfee!«, sagt er und lacht.

Abgesehen davon, dass die Lichtfeen alle Lebewesen im Weltraum glücklich machen, haben sie noch eine andere wichtige Aufgabe. Manchmal vergessen die Sterne, ihr Licht einzuschalten, und dann fliegen die Lichtfeen ganz schnell zu ihnen hin und knipsen das Sternenlicht an. »Wenn sie das nicht machen würden, könntest du am Nachthimmel keine Sterne sehen«, erklärt Babuba dir.

Vor euch liegt jetzt der Mond – das Ziel eurer Reise. Zuerst ist er noch klein, aber er wird schnell immer größer. Babuba fliegt jetzt in einem großen Bogen um den Mond, so dass du ihn dir schon einmal von oben anschauen kannst:

Du siehst eine karge Felslandschaft mit hohen Bergen, tiefen Tälern und Schluchten. Überall liegen riesengroße Steinbrocken. Da ist nicht ein einziger Baum, und du kannst auch keine Sträucher oder Blumen entdecken. Alles ist grau und unwirklich. Du bist dir ganz sicher: Hier können keine Menschen und auch keine Tiere leben.

Doch nur wenig später erlebst du eine Überraschung: Die Rückseite des Mondes, die von der Erde nie zu sehen ist, sieht nämlich ganz anders aus.

Babuba fliegt jetzt mit dir über eine grüne hüglige Wiesenlandschaft mit bunten Blumen, Bäumen und Sträuchern. Mittendrin steht ein kleines altes Holzhaus. Es hat rote Dachziegeln, blaue Fensterläden und einen kleinen Schornstein, aus dem ein wenig Rauch aufsteigt. Das Haus liegt direkt vor einem kleinen See.

Als ihr näher kommt, entdeckst du eine Gruppe lustiger Mondwesen. Sie wohnen in dem Holzhaus am See. Die Mondlinge versuchen gerade, auf grünen Hüpfbällen über den kleinen See zu springen. Dabei machen sie Purzelbäume und drehen sich in der Luft. Unglaublich, wie hoch und weit sie springen. Aber das ist auch kein Wunder: Auf dem Mond ist nämlich die Anziehungskraft geringer als auf der Erde. Deshalb kann man hier auch zehnmal weiter und zehnmal höher springen. Babuba streckt jetzt seine Arme zur Seite hin aus – so als ob er auf einem Skateboard stehen würde –, und schon kurze Zeit später landet er vor dem kleinen Holzhaus sicher auf seinen großen Tatzen. Die Mondlinge kommen gleich angelaufen. Sie sind gut mit Babuba befreundet und freuen sich, dass er sie mal wieder besucht. Die Mondlinge sind ungefähr so groß wie du. Sie haben eine silbrige Haut, grüne Haare, und sie reden so schnell, dass du sie fast gar nicht verstehen kannst:

Blabla-blup-blup-blabla, blabla-blup-blup, blabla-blupp-blabla, blabla-blup-blup-blup-blup-blababla …!

Glücklicherweise kann Babuba die Mondsprache, und er erklärt dir, dass dich die Mondlinge einladen, mit ihnen gemeinsam über den See zu springen.

Du bekommst einen grünen Springball mit einem grünen Griff, an dem du dich gut festhalten kannst, und dann zeigen dir die Mondlinge, wie du am besten über den See springen kannst: Sie nehmen Anlauf, springen ab, machen über dem kleinen See noch eine Purzelbaumrolle in der Luft und landen dann sicher auf der anderen Seite des Sees. Das sieht ganz einfach aus.

Jetzt bist du an der Reihe. Babuba verspricht dir, während des Sprungs in deiner Nähe zu bleiben und gut auf dich aufzupassen. Du weißt, auf Babuba kannst du dich wirklich immer verlassen. Und schon geht es los: Du nimmst Anlauf, springst

ab und saust auch gleich richtig in die Höhe. Dann machst du genau wie die Mondlinge in der Luft eine Rolle vorwärts und landest anschließend sicher auf der anderen Seite des Sees. Super! Für diesen Sprung bekommst du von den Mondlingen einen dicken Applaus. Auch Babuba freut sich. Du merkst, dass er stolz auf dich ist.

Schon bald kannst du so gut springen wie die kleinen Mondlinge.

Auf dem Mond bricht jetzt der Abend an. Es ist es Zeit für euch, nach Hause zu fliegen.

Glücklich und zufrieden kletterst du in Babubas Beutel und machst es dir wieder richtig gemütlich. Zum Abschied lässt Babuba die roten Punkte auf seinem goldenen Fell noch einmal aufleuchten. Das sieht lustig aus, und alle freuen sich darüber.

Die Mondlinge winken, als ihr startet, und ihr winkt natürlich zurück, bis ihr sie nicht mehr seht. Ihr fliegt immer höher,
und schon nach kurzer Zeit seid ihr wieder im Weltraum. Um
dich herum funkeln jetzt wieder die Sterne. Du siehst kleine
und große Sterne, und vielleicht hörst du auch wieder ihre
Melodie. Die Melodie der Sterne.

In Babubas Beutel ist es kuschlig warm. Angenehm warm.

Die Wärme macht dich schwer und müde.
Spür mal, wie die Wärme dich ganz und gar umgibt
und sich Müdigkeit in dir ausbreitet. Das ist sehr angenehm.
Du atmest ein und aus.
Mit jedem Atemzug wirst du ruhiger, immer ruhiger,
müde und zufrieden.

Du bist ganz ruhig;
angenehm schwer, angenehm warm.
Ganz entspannt, zufrieden und müde.

Dein ganzer Körper ist angenehm schwer;
angenehm warm,
ganz entspannt, zufrieden und müde.

Ihr fliegt weiter und weiter, immer weiter Richtung Erde.
Du bist ganz ruhig und entspannt.
Angenehm schwer, angenehm warm,
ganz entspannt, zufrieden und müde.

Ganz ruhig ...
Angenehm schwer, angenehm warm.
Vollkommen entspannt, zufrieden und müde.

Auf eurem Rückweg trefft ihr noch einmal die kleine Lichtfee. Sie begleitet euch eine Weile, und zum Abschied schenkt sie dir ein kleines Beutelchen, gefüllt mit funkelndem Sternenstaub. »Jedes einzelne Körnchen kann dir einen Wunsch erfüllen. Du brauchst nur ganz fest daran zu glauben«, erklärt Babuba. »Am besten, du legst dir das Beutelchen zu Hause unter dein Kopfkissen. Dann schläfst du super ein und träumst was Schönes.«

Ihr fliegt immer weiter, und langsam nähert ihr euch auch wieder der Erde. Du staunst, wie rund und blau die Erde von oben aussieht. Du erkennst die Kontinente, die blauen Ozeane, zum Teil verdeckt von großen weißen Wolken.

Langsam, ganz langsam schwebt ihr hinunter. Du kannst jetzt alles schon deutlich sehen: die Häuser, Bäume, Straßen und Autos im Mondlicht. Und mit einem Mal bist du wieder in deinem Zimmer.

Eine supersanfte Landung war das! Babuba hebt dich aus seinem Beutel und legt dich vorsichtig in dein Bett. Er setzt sich noch mal kurz auf die Bettkante, und nachdem er dir fest versprochen hat, dich bald wieder zu besuchen, fliegt er zurück zu seinem Heimatplaneten Tum-Tum am Rande der Milchstraße.

»Tschüs, Babuba«, sagst du gähnend und machst die Augen zu. Mit dem Beutelchen Sternenstaub unter deinem Kopfkissen wirst du bestimmt richtig gut schlafen.

Du lächelst, und du weißt, dass alles gut ist.

TUM-TUM

Babuba und die bunten Drachen

Toll, Babuba hält sein Versprechen! Beim letzten Mal hatte er dir fest versprochen, dich wieder zu besuchen. Und jetzt ist er da. Auf Babuba kannst du dich wirklich verlassen. Er sieht aus, wie du ihn kennst: Auf seinem Fell leuchten viele rote Punkte, und am Bauch hat er einen großen Beutel, in dem es so richtig schön kuschlig ist.

Du weißt ja, normalerweise lebt Babuba auf dem Planeten Tum-Tum, der weit entfernt von der Erde um eine große goldene Sonne kreist. Aber weil es ihm auf Tum-Tum oft zu langweilig ist und er fliegen kann, besucht er fast jede Nacht seine Freunde auf die Erde. Und heute ist er bei dir gelandet und lädt dich zu einer Reise zu einem weit entfernten Planeten ein.

Also wenn du Lust hast, kletterst du jetzt wieder in den Beutel von Babuba – und zwar so, dass nur noch dein Kopf rausguckt. Mit deinen Händen kannst du dich am oberen Rand des Beutels festhalten. Wenn du willst, kannst du auch dein Lieblingsstofftier, eine Kuscheldecke oder ein kleines Kissen mitnehmen. Mach es dir wieder richtig gemütlich.

Jetzt geht eure Reise los. Babuba streckt seinen linken Arm in die Luft, zählt bis drei und wünscht sich dann aus dem Haus hinaus. Wenn du willst, kannst du mitzählen. Also: Eins, zwei, drei – und los!

Ihr seid aus dem Haus hinausgeflogen und schwebt über den Dächern der Stadt. Du siehst unter dir Häuser, Straßen, Autos und Bäume im Mondschein. Du spürst den Wind in deinen Haaren, und du fühlst dich richtig wohl. Wenn du nach oben schaust, siehst du am Himmel viele kleine Sterne. Und auch den Mond kannst du sehen.

Langsam fliegt ihr immer höher. Die Häuser, Straßen und Bäume werden immer kleiner. Ihr fliegt höher und höher, und schon bald liegt die Erde unter euch. Ihr seid jetzt im

Weltraum. Du siehst viele Sterne: große und kleine, helle und weniger helle Sterne. Manche sind in deiner Nähe, andere sind ganz weit weg.

Bei Babuba bist du sicher und geborgen. Du spürst wieder, wie Babuba ein- und ausatmet und dabei leise brummt. Das macht er ja immer, wenn er glücklich und zufrieden ist.

Und auch du kannst deinen Atem spüren.
Er kommt und geht, er strömt ein und aus,
ganz ruhig und gleichmäßig, ganz von allein.
Er strömt in deine Nasenlöcher rein und wieder raus,
deine Brust hebt und senkt sich,
auch dein Bauch hebt und senkt sich.

Du merkst, wie leicht und schön es ist, auszuatmen
und beim Ausatmen alle Luft loszulassen.
Sie verschwindet einfach im Weltraum.
Ihr fliegt immer weiter, immer weiter durch den Weltraum.
Du atmest ein und aus.
Dein Atem kommt und geht,
und du fühlst dich einfach wohl.

Ihr fliegt immer weiter und weiter. Nach einer Weile hört ihr ein leises Zischen. Babuba freut sich darüber. Denn es bedeutet, dass ihr gleich am Ziel eurer Reise seid.

Das Zischen stammt vom Planeten der bunten Drachen, der um eine große rote Sonne kreist. Auf dem Planeten gibt es viele große und kleine Löcher und Spalten. Warmer Dampf zischt aus ihnen heraus. Und genau das macht auch dieses zischende Geräusch, erklärt dir Babuba.

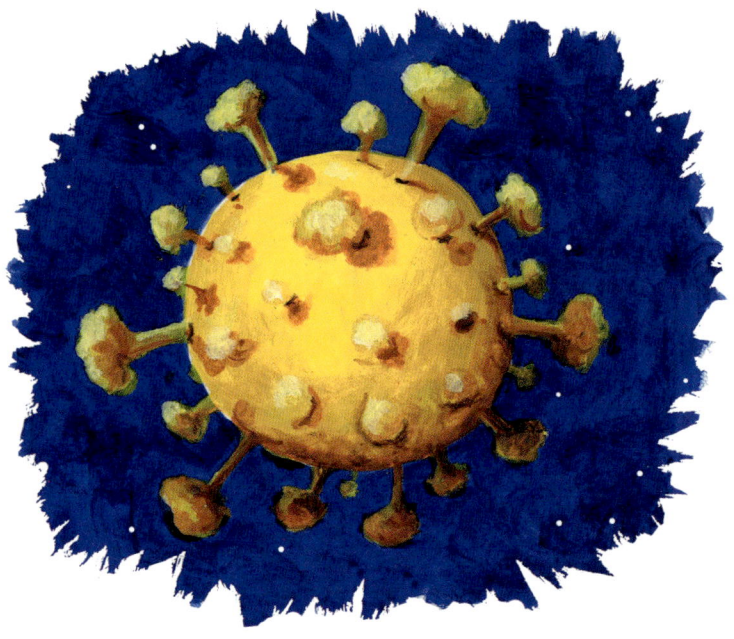

Auf dem Planeten leben die bunten Drachen. Sie sind super-lieb, und Babuba ist schon seit vielen Jahren mit ihnen befreundet. Die Drachen sehen alle ganz unterschiedlich aus, erzählt dir Babuba, während ihr auf den Planeten zufliegt. Jeder Drache hat sein ganz persönliches Farbmuster. Einer von Babubas Freunden ist blau-gelb-rot kariert, ein anderer ist schwarz-weiß gestreift, und wieder ein anderer hat einen gelben Kopf, einen grünen Körper, braune Beine, schwarze Füße und einen weißen Schwanz.

Weil jeder Drache ein bisschen anders aussieht, kann man sie auch gut auseinanderhalten. »Du wirst schon sehen«, sagt Babuba und lacht.

Langsam nähert ihr euch dem Planeten der bunten Drachen. Er ist ganz flach – es gibt also keine Berge oder Täler wie auf der Erde. Du siehst überall gelbes Gras wachsen – und an vielen Stellen strömt warmer Dampf aus der Erde. Genau so, wie es dir Babuba beschrieben hat. Manche Spritzfontänen sind so hoch wie ein Haus, andere sind nur so klein wie eine Blume. Oben auf den Dampfstrahlen liegen oder sitzen die Drachen und lassen es sich gut gehen. Einige liegen auf dem Bauch und lachen laut, denn der warme Dampfstrahl kitzelt sie ein wenig. Drachen sind nämlich am Bauch und an den Fußsohlen sehr, sehr kitzlig.

Babuba setzt jetzt zur Landung an. Er streckt seine Arme zur Seite hin aus – so als ob er auf einem Skateboard steht – und landet dann sicher und weich auf seinen großen Tatzen. Eine supercoole Landung war das! Das ist aber auch kein Wunder. Babuba ist nämlich Weltraummeister im Skateboardfliegen.

Als die Drachen sehen, dass ihr landet, kommen sie gleich angelaufen. Die meisten sind so groß wie du. Sie freuen sich, dass Babuba sie mal wieder besucht. Babuba schüttelt allen die Hände und umarmt sie. Du freundest dich gleich mit einem besonders bunten Drachen an. Er heißt Do-Di-Da. Auf seiner blauen Haut sind viele gelbe, rote und weiße Punkte.

Jeder Drache auf dem Planeten kümmert sich um einen Dampfstrahl. Do-Di-Das Dampfstrahl hat eine goldene Farbe. Er ist ungefähr dreimal so groß wie du. Die Luft, die aus dem kleinen Spalt in der Erde herausgepustet wird, ist angenehm warm. Es fühlt sich ungefähr so an wie beim Haareföhnen.

Do-Di-Da will dir etwas zeigen. Mit seiner kleinen Drachenpranke hält er das Loch zu, aus dem die warme Luft kommt. Dann setzt er sich schnell drauf. Und als er seine kleine Pranke wieder wegnimmt, saust er mit dem Dampfstrahl in die Höhe. Dabei lacht er laut, weil der Dampfstrahl ihn auch ein bisschen kitzelt.

Oben auf dem Dampfstrahl legt sich Do-Di-Da erst mal auf den Rücken. Als ihm das zu langweilig wird, stellt er sich hin und streckt seine Drachenarme zur Seite, damit er sein Gleichgewicht nicht verliert. Aber das ist doch sehr wacklig, und deshalb setzt er sich lieber wieder hin. In diesem Moment ertönt ein tiefer, langer Ton. Es hört sich fast so an wie eine Schiffshupe: *Huuuh … huuuh* macht es. Und mit einem

Mal wird der Dampfdruck schwächer und schwächer, und Do-Di-Da sinkt ganz langsam wieder auf den Boden zurück. Auch die anderen Dampffontänen werden immer kleiner und kleiner, bis schließlich kein Dampf mehr zu sehen ist.

»Einmal am Tag werden alle Fontänen auf dem Planeten abgestellt. Dann treffen sich die Drachen in der großen Drachenhöhle«, erklärt dir Babuba.

Do-Di-Da lädt dich und Babuba ein, mit ihm in die Drachenhöhle zu gehen und beim Treffen der Drachen dabei zu sein. Natürlich nehmt ihr die Einladung an, und ihr braucht auch gar nicht weit zu laufen, denn die Drachenhöhle ist ganz in der Nähe.

Ihr geht eine breite weiße Felsentreppe hinunter, und schon steht ihr am Eingang einer großen Höhle. Die Wände der Höhle sind auch weiß. Die vielen bunten Drachen, die sich hier versammelt haben, sehen darin wie bunte Farbkleckse aus. In der Höhle ist es überraschend hell. Das liegt an den vielen kleinen Leuchtkäfern, die knapp unter der Decke hin und her fliegen.

In der Mitte der Höhle ist ein kleines Podest, auf dem ein großer älterer Drache steht. Er ist das Oberhaupt der Drachen. Seine Haut ist lila, und wenn er spricht, dampft es gelb aus seiner Schnauze. »Wer Probleme mit seiner Fontäne hat, kommt bitte zu mir«, ruft er den anderen Drachen zu. Und zwei, drei Drachen gehen daraufhin zu ihm hin.

Do-Di-Da erklärt dir,
dass der Luftdruck und die
Temperatur der einzelnen
Dampfstrahlfontänen aus
der Höhle geregelt wer-
den. Dafür steht am Ende der
Höhle ein großer Computer mit
vielen Knöpfen, Reglern und
Hebeln. Zwei größere Dra-
chen überwachen die Fontänen
und bedienen die unterschiedlichen

Knöpfe. Du siehst viele kleine Lichter blinken. »Wenn mal
ein Dampfstrahl kaputt ist, dann kann er von hier unten aus
schnell wieder repariert werden«, sagt Do-Di-Da. Er möchte
später mal an dem großen Computer arbeiten. Aber zuerst
muss er noch in der Schule seine Dampfstrahlcomputeraus-
bildung beenden.

Mittlerweile haben die meisten Drachen die Höhle schon
wieder verlassen. Das Drachentreffen ist zu Ende. Bevor Babuba und du nach Hause fliegt, will dir Do-Di-Da unbedingt
noch den Drachenmaler Maluhn vorstellen. Maluhn ist ein
Mensch, so wie du. Er lebt schon seit vielen Jahren hier bei
den Drachen. Die Palme, unter der Maluhn wohnt, ist der
einzige Baum auf dem Planeten. Deshalb ist er auch leicht zu
finden.

Maluhn hat immer gute Laune. Und da er eigentlich nie seinen Pinsel aus der Hand legt, sind seine gesamte Kleidung, sein Bett, der große Tisch, die vier Stühle und der Stamm der Palme voller Farbe. Selbst auf seinem langen grauen Bart sind viele bunte Farbkleckse. Manchmal putzt er sich sogar aus Versehen mit dem Pinsel die Zähne.

Maluhns Aufgabe ist es, die Drachenbabys zu bemalen. Bei der Geburt sind sie nämlich alle noch ganz weiß. Erst Maluhn

macht aus ihnen kleine bunte Drachen. Dabei richtet er sich ganz nach den Wünschen der Eltern. Manche Mütter und Väter finden Punkte klasse, andere mögen eher Streifen und wieder andere möchten ihr Baby einfarbig rot oder blau haben. In einem dicken, großen Buch, das auf dem Tisch neben der Palme liegt, sind alle möglichen Farben, Muster und Farbzusammenstellungen abgebildet.

Maluhn bemalt aber nicht nur die Drachenbabys. Er ist auch dafür zuständig, die Bemalung auszubessern, wenn sich die Drachen die Farbe beim Spielen von der Haut abgeschubbert haben. Das passiert ständig.

Auch Babuba hat seine roten Punkte von Maluhn bekommen. Das war bei seinem ersten Besuch auf dem Planeten der bunten Drachen. Damals war Babuba ungefähr so alt wie du. Maluhn sagt, dass er dich auch bemalen würde. Natürlich nur, wenn du das möchtest. Vielleicht bei eurem nächsten Besuch. Du kannst ja mal deine Mama oder deinen Papa fragen, ob sie dir das erlauben.

Für Babuba und dich ist es jetzt Zeit, nach Hause zu fliegen. Zum Abschied hat Do-Di-Da noch ein kleines Geschenk für dich.

Er reibt sich mit seiner Drachenpranke schnell ein paar bunte Punkte von seiner Haut und gibt sie dir. Du bekommst einen gelben, einen roten und einen weißen Punkt.

»Immer wenn du die Punkte zu Hause auf der Erde mit den Fingern berührst, dann leuchtet am Himmel der Planet der bunten Drachen auf, und schon weißt du, wo sich dein Freund Do-Di-Da befindet«, erklärt dir Babuba. »So bleibt ihr immer in Verbindung. Ist doch toll, oder?!«

Glücklich und zufrieden und auch ein klein bisschen müde kletterst du in Babubas Beutel. Wie immer hebt Babuba zum Start seinen linken Arm, zählt bis drei: Eins, zwei, drei – und schon fliegt ihr los.

Maluhn und die Drachen winken euch zum Abschied zu. Und am dollsten winkt natürlich Do-Di-Da, denn schließlich seid ihr ja jetzt gute Freunde. Du schaust ein letztes Mal runter und winkst zurück.

Ihr fliegt immer höher, und schon bald ist der Planet der bunten Drachen nur noch ein kleiner Punkt, und ihr seid wieder im Weltraum. Um dich herum sind wieder viele Sterne – große und kleine. Du machst die Augen zu und fühlst dich richtig wohl. In Babubas Beutel ist es kuschlig warm. Angenehm warm.

Die Wärme macht dich schwer und müde.
Spür mal,
wie die Wärme dich ganz und gar umgibt
und sich Müdigkeit in dir ausbreitet.
Das ist sehr angenehm.
Du atmest ein und aus.
Mit jedem Atemzug wirst du ruhiger, immer ruhiger,
müde und zufrieden.

Du bist ganz ruhig;
angenehm schwer, angenehm warm.
Ganz entspannt, zufrieden und müde.

Dein ganzer Körper ist angenehm schwer;
angenehm warm,
ganz entspannt, zufrieden und müde.

Ihr fliegt weiter und weiter, immer weiter Richtung Erde.
Du bist ganz ruhig und entspannt.
Angenehm schwer, angenehm warm,
ganz entspannt, zufrieden und müde.

Ganz ruhig …
Angenehm schwer, angenehm warm.
Vollkommen entspannt, zufrieden und müde.

Ihr fliegt immer weiter und langsam nähert ihr euch auch wieder der Erde. Du staunst, wie rund und blau die Erde von oben aussieht. Du erkennst die Kontinente, die blauen Ozeane, zum Teil verdeckt von großen weißen Wolken.

Langsam, ganz langsam schwebt ihr hinunter. Die Häuser, Bäume, Straßen und Autos werden immer größer. Und mit einem Mal bist du wieder in deinem Zimmer.

Babuba hebt dich aus seinem Beutel und legt dich vorsichtig in dein Bett. Er setzt sich noch mal kurz auf die Bettkante, und nachdem er dir fest versprochen hat, dich bald wieder zu besuchen, fliegt er zurück zu seinem Heimatplaneten Tum-Tum am Rande der Milchstraße.

»Tschüs, Babuba«, sagst du gähnend und machst die Augen zu.

In deiner Hand hältst du die drei bunten Drachenpunkte, die dir Do-Di-Da zum Abschied geschenkt hat.

Du lächelst, und du weißt, dass alles gut ist.

Babuba
und die Schmetterlingseinhörner

Toll, da ist er wieder! Babuba sieht genau so aus, wie du ihn kennst: Auf seinem dicken goldenen Fell leuchten viele rote Punkte, und am Bauch hat er seinen großen Beutel. In diesen gemütlichen Beutel kannst du jetzt wieder reinkrabbeln, wenn du mit Babuba zu einem weit entfernten Planeten fliegen willst. Auf eure Reise kannst du auch dein Lieblingsstofftier, eine Kuscheldecke oder ein kleines Kissen mitnehmen. Mach es dir in Babubas Beutel richtig gemütlich.

Bist du bereit? Dann kann es jetzt losgehen. Wie immer, wenn Babuba startet, streckt er seinen linken Arm in die Luft – zählt bis drei – und wünscht sich dann aus dem Haus hinaus. Wenn du willst, kannst du mitzählen. Also: Eins, zwei, drei – und los!

Super! Es hat geklappt. Ihr seid aus dem Haus hinausgeflogen und schwebt über den Dächern der Stadt. Babuba fliegt noch eine Kurve um dein Wohnhaus. Du kannst noch mal kurz das Fenster deines Zimmers sehen, und dann seid ihr auch schon unterwegs.

Unter dir siehst du Häuser, Straßen, Autos und Bäume im Mondlicht. Du spürst den Wind in deinen Haaren, und du fühlst dich richtig wohl. Bei Babuba bist du sicher und geborgen. Schon bald habt ihr den Stadtrand erreicht. Unter dir sind jetzt Wiesen mit Bäumen und buschigen Sträuchern. Kurze Zeit später fliegt ihr über einen Wald. Mitten im Wald liegt ein kleiner, fast runder See.

Ihr fliegt weiter und weiter. Die Landschaft verändert sich. Sie wird immer bergiger. Und schon bald fliegt ihr über hohe Berge. Auf den Bergspitzen liegt teilweise Schnee. Babuba fliegt immer höher. Die Berge unter euch werden jetzt immer kleiner. Ihr steigt höher und höher.

Die Erde liegt jetzt unter euch. Eine große blaue Kugel. Du siehst die blauen Ozeane, die dunklen Kontinente. Von hier oben kannst du es ganz deutlich erkennen: Auf der Erde gibt es viel mehr Wasser als Land.

Ihr steigt immer höher, und auf einmal seid ihr im Weltraum. Um dich herum sind jetzt viele Sterne: Große und kleine, helle und weniger helle Sterne. Ihr fliegt immer weiter, und du hörst, wie Babuba ruhig ein- und ausatmet und dabei leise brummt. Das macht er ja immer, wenn er glücklich und zufrieden ist.

Und auch du kannst deinen Atem spüren.
Er kommt und geht, er strömt ein und aus,
ganz ruhig und gleichmäßig, ganz von allein.
Er strömt in deine Nasenlöcher rein und wieder raus,
deine Brust hebt und senkt sich,
auch dein Bauch hebt und senkt sich.

Du merkst, wie leicht und schön es ist, auszuatmen
und beim Ausatmen alle Luft loszulassen.
Sie verschwindet einfach im Weltraum.
Ihr fliegt immer weiter, immer weiter durch den Weltraum.
Du atmest ein und aus.
Dein Atem kommt und geht,
und du fühlst dich einfach wohl.

Babuba fliegt jetzt auf einen großen, hell schimmernden Lichtkreis zu. »Der Kreis ist so eine Art Tür zu einer anderen Welt«, erklärt er dir. »Wir können einfach hindurchfliegen, und schon sind wir drüben. Das geht ganz schnell.« Und kaum hat er es gesagt, seid ihr auch schon in den schimmernden Lichtkreis reingeflogen. Babubas Körper leuchtet kurz auf, dann hörst du ein leises *Schlupp-schlupp*, und schon seid ihr auf der anderen Seite. Hier sieht alles ganz anders aus: Die Sterne sind bunt. Manche sind rot, andere sind blau oder grün, und es gibt auch silberne Sterne.

Ihr fliegt immer weiter bis zu einem grünen Stern, um den ein großer Planet kreist. Langsam nähert ihr euch dem Planeten. Für Babuba ist das der schönste Planet überhaupt. »Du wirst schon sehen, was ich meine«, sagt er und lacht.

Langsam schwebt ihr hinunter. Du siehst jetzt, dass auf dem Planeten überall Blumen wachsen. Kleine und große. Manche sind sogar so groß wie Bäume. Alle haben wunderbare Blüten in den unterschiedlichsten Farben: rot, grün, orange, blau – wie die Sterne am Himmel.

Nach der Landung krabbelst du aus Babubas Beutel und streckst dich erst mal. Ah, das tut gut. Die Erde unter deinen Füßen ist angenehm warm. »Riech mal«, sagt Babuba. »Ist das nicht klasse?« Der Duft kommt von den vielen Blumen. Manche duften nach Erdbeeren, andere nach leckerer Schokolade. Ihr geht ein paar Schritte, und Babuba zeigt dir, dass du die Blumen auch vorsichtig berühren kannst. Das macht Spaß. Denn immer, wenn du eine Blume berührst, dreht sich ihre Blüte zu dir. Das sieht dann so aus, als ob sie dich anguckt und mit dir sprechen will.

Und noch etwas unterscheidet diese Blumen hier von den Blumen auf der Erde: Sie können sich nämlich bewegen. Wenn ihnen ein Platz nicht mehr so gut gefällt oder sie ein bisschen mehr Sonne haben wollen, dann hüpfen sie einfach ein paar Meter weiter. Das geht ganz einfach, denn ihre Wurzeln sind kleine Sprungfedern: *Boing, boing, boing …!* So hört es sich an, wenn sie loshüpfen: *Boing, boing, boing …* Manche Blumen spielen sogar Fangen und Verstecken. Dabei haben sie richtig Spaß.

Du siehst auch viele Schmetterlinge. Sie sehen allerdings ein bisschen anders aus als die Schmetterlinge auf der Erde. Sie haben vorne am Kopf nämlich ein kleines Horn. Mit diesem Horn berühren sie ganz sanft die Blumen und sagen: »Hallo!«

Die angestupste Blume öffnet dann ihre Blüte noch ein wenig mehr, so dass die Schmetterlinge den Blütensaft ganz einfach aus dem Blütenkelch trinken können.

Ihr lauft weiter, und nach und nach werden die Blumen immer größer. Manche sind jetzt sogar schon größer als du. Sie sehen fast so aus wie Sonnenschirme am Strand. Je größer die Blumen werden, desto größer werden auch die Schmetterlinge. Manche sind jetzt schon so groß wie ein Stoffteddy oder eine Puppe. Alle sind natürlich superlieb. Staunend gehst du durch den Blumenwald.

Ihr kommt jetzt zu einer wunderschönen weiten Wiese. In der Mitte der Wiese steht eine riesengroße Blume. Ihre Blüten berühren fast die Wolken am Himmel. Den Stamm der Blume umgibt ein sanftes weißes Licht. Du kannst es nur sehen, wenn du ganz genau hinguckst.

»Das ist die Blume des Lebens«, erklärt dir Babuba. »Mit dieser Blume hat das Leben hier auf dem Planeten angefangen. Sie beschützt alle anderen Blumen.«

Ihr geht jetzt zur Blume des Lebens, und als Babuba vorsichtig den Stamm mit seiner Tatze berührt, öffnet sich darin auf einmal eine Tür. Ihr seht einen großen Raum und geht hinein.

Hier im Inneren der Blume leuchtet alles golden. Du guckst dich um, und du merkst, dass du lächelst. Und das ist ganz normal. Hier fühlen sich nämlich alle wohl: Kinder, Erwachsene, auch Tiere. »Hier kann nur Gutes, Schönes und Liebevolles hinein. Deshalb sind alle glücklich in der Blume des Lebens«, sagt Babuba und lächelt zufrieden.

Du siehst jetzt eine schmale Wendeltreppe. Sie führt hinauf, bis zur Spitze der Blume. Babuba nimmt dich an die Hand, und ihr steigt langsam die Treppe hoch. Es sind zwar viele Stufen, aber das macht dir überhaupt nichts aus. Hier im Inneren der Lebensblume wirst du nämlich nicht müde. Im Gegenteil: Mit jeder Stufe, die du hochsteigst, fühlst du dich frischer und ausgeruhter.

Oben angekommen genießt ihr erst einmal den Ausblick. Du siehst die vielen kleinen und großen Blumen unter dir, und da ist auch der Weg, auf dem ihr gekommen seid.

Babuba stupst dich leicht mit seiner Tatze an und zeigt auf einen großen Schmetterling, der sich euch langsam nähert. »Sie heißt Arta«, erklärt dir Babuba. Boah, so einen großen Schmetterling hast du noch nie in deinem Leben gesehen. Arta ist ungefähr so groß wie ein kleines Pferd. Ihre großen

weißen Flügel haben blaue und rote Punkte.
Wie alle Schmetterlinge auf diesem Planeten hat auch sie
ein kleines Horn vorne
an ihrem Kopf.

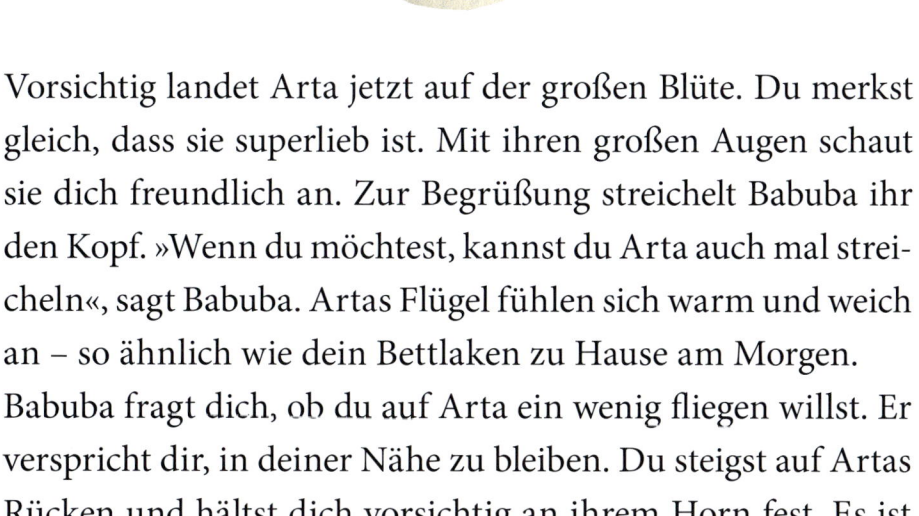

Vorsichtig landet Arta jetzt auf der großen Blüte. Du merkst
gleich, dass sie superlieb ist. Mit ihren großen Augen schaut
sie dich freundlich an. Zur Begrüßung streichelt Babuba ihr
den Kopf. »Wenn du möchtest, kannst du Arta auch mal strei-
cheln«, sagt Babuba. Artas Flügel fühlen sich warm und weich
an – so ähnlich wie dein Bettlaken zu Hause am Morgen.
Babuba fragt dich, ob du auf Arta ein wenig fliegen willst. Er
verspricht dir, in deiner Nähe zu bleiben. Du steigst auf Artas
Rücken und hältst dich vorsichtig an ihrem Horn fest. Es ist
fast so, als ob du auf einem Pferd sitzt. *Flapp, flapp, flapp!*,
machen Artas große Flügel, als ihr losfliegt. Babuba ist immer ganz dicht bei dir. Auf Babuba kannst du dich wirklich
verlassen.

Ihr fliegt immer höher und höher bis zu den Wolken. Dort erlebst du dann eine weitere Überraschung: Mitten in den Wolken wachsen nämlich auch bunte Blumen – oder besser: Sie schweben in den Wolken und sehen in den weißen Wolken richtig cool aus.

Arta fliegt vorsichtig einige Male an den Wolken vorbei, und du spürst ihre kühlende Frische. Wie ein ganz feiner Nieselregen, der deine Haut berührt. Das ist sehr angenehm. Du drehst dich zu Babuba um, und er zwinkert dir zu. Denn auch ihm gefällt es hier oben zwischen all den bunten Blumen in den weißen Wolken.

Arta fliegt mit euch noch ein paar Runden, dann geht es wieder zurück. Babuba kann dir gerade noch zurufen, dass du dich gut festhalten sollst, und schon geht es abwärts. Erst kurz vor der Landung spannt Arta ihre Flügel wieder auf, und ihr landet sicher auf der Wiese vor der Blume des Lebens. Das hat Spaß gemacht. Auch Babuba fand es super.

Zum Abschied möchte Arta dir noch etwas schenken. Du bekommst von ihr ein kleines Stückchen von einer Wolke. Es ist gerade mal so groß wie dein Daumennagel und erinnert dich ein bisschen an Watte. Allerdings ist das Wolkenstückchen leichter, und es fühlt sich auch angenehm kühl an. Das Tolle daran: Wenn du es zu Hause unter dein Kopfkissen legst, dann kannst du richtig gut schlafen und hast viele schöne Träume, erklärt dir Babuba. Du kannst dich gerade noch bei Arta bedanken, bevor sie wieder losfliegt. Denn am liebsten ist Arta in der Luft, hoch oben bei den Wolken.

Für euch ist es jetzt Zeit, nach Hause zu fliegen. Glücklich und zufrieden kletterst du in Babubas Beutel. Wie immer hebt Babuba zum Start seinen linken Arm, zählt bis drei: Eins, zwei, drei – und schon fliegt ihr los.

Du schaust noch einmal zurück und siehst zum letzten Mal die vielen bunten Blumen, die Schmetterlinge mit den Hörnern an ihren Köpfen und die große Blume des Lebens, die fast die Wolken berührt. Es kommt dir fast so vor, als ob sie dir mit ihren Blättern zum Abschied zuwinkt.

Ihr fliegt immer höher, und schon bald ist der Planet der bunten Blumen nur noch ein kleiner Punkt. Ihr seid wieder im Weltraum. Um nach Hause zu kommen, müsst ihr nun wieder durch den großen, hell schimmernden Lichtkreis fliegen. Auch diesmal leuchtet Babubas Körper kurz auf, als ihr durch den Kreis fliegt. Du hörst wieder das leise *Schlupp-schlupp*, und schon seid ihr auf der anderen Seite – also in dem Teil des Weltraums, zu dem auch die Erde gehört.

Ihr lasst euch jetzt einfach nur treiben in der unendlichen Weite des Weltraums. Das ist sehr beruhigend. Selbst deine Hände sind so entspannt, dass sie sich öffnen und loslassen. In Babubas Beutel ist es kuschlig warm. Angenehm warm.

Die Wärme macht dich schwer und müde.
Spür mal, wie die Wärme dich ganz und gar umgibt
und sich Müdigkeit in dir ausbreitet. Das ist sehr angenehm.
Du atmest ein und aus.
Mit jedem Atemzug wirst du ruhiger, immer ruhiger,
müde und zufrieden.

Du bist ganz ruhig;
angenehm schwer, angenehm warm.
Ganz entspannt, zufrieden und müde.

Dein ganzer Körper ist angenehm schwer;
angenehm warm,
ganz entspannt, zufrieden und müde.

Ihr fliegt weiter und weiter, immer weiter Richtung Erde.
Du bist ganz ruhig und entspannt.
Angenehm schwer, angenehm warm,
ganz entspannt, zufrieden und müde.

Ganz ruhig …
Angenehm schwer, angenehm warm.
Vollkommen entspannt, zufrieden und müde.
Ihr fliegt immer weiter und weiter,
und langsam nähert ihr euch wieder der Erde.

Babuba fliegt noch einen großen Bogen um den Mond, und dann siehst du auch schon die Erde, deine Heimat. Zuerst noch ganz klein, aber die Erde wird schnell immer größer. Du erkennst die Kontinente, die blauen Ozeane, zum Teil verdeckt von großen weißen Wolken.

Langsam, ganz langsam schwebt ihr hinunter. Du kannst alles schon deutlich erkennen: die Häuser, Bäume, Straßen und Autos im Mondlicht. Und mit einem Mal bist du wieder in deinem Zimmer. Eine supersanfte Landung war das wieder!

Babuba hebt dich aus seinem Beutel und legt dich vorsichtig in dein Bett. Er setzt sich noch mal kurz auf die Bettkante. Und nachdem er dir fest versprochen hat, dich bald mal wieder zu besuchen, fliegt er zurück zu seinem Heimatplaneten Tum-Tum am Rande der Milchstraße.

»Tschüs, Babuba«, sagst du gähnend und machst die Augen zu. Du freust dich auf deine Träume, denn unter deinem Kopfkissen liegt ja das kleine weiße Wolkenstückchen, das dir Arta geschenkt hat.

Du lächelst, und du weißt, dass alles gut ist.

Babuba und der Schnuffelbiber

Wie cool, Babuba besucht dich wieder. Das hat er dir ja auch nach eurem letzten kleinen Abenteuer versprochen. Und auch diesmal lädt er dich wieder ein, mit ihm zu einem weit entfernten Plancten zu fliegen. Diesmal ist es nur ein ganz kleiner Planet, auf dem aber trotzdem ganz viele spannende Dinge passieren, verspricht dir Babuba.

Also, wenn du Lust hast, kletterst du jetzt wieder in Babubas Beutel und machst es dir richtig schön gemütlich. Wenn du willst, kannst du auch dein Lieblingsstofftier, eine Kuscheldecke oder ein kleines Kissen mitnehmen.

Jetzt kann eure Reise losgehen. Wie immer streckt Babuba seinen linken Arm in die Luft, zählt bis drei und wünscht sich dann aus dem Haus hinaus. Wenn du willst, kannst du ja wieder mitzählen. Also: Eins, zwei, drei – und los!

Wow, es hat geklappt. Ihr seid aus dem Haus hinausgeflogen und schwebt über den Dächern der Stadt. Du siehst unter dir Häuser, Straßen, Autos und Bäume im Mondschein. Du spürst den Wind in deinen Haaren, und du fühlst dich richtig wohl. Wenn du nach oben schaust, siehst du am Himmel viele kleine Sterne. Und auch den Mond kannst du sehen.

Langsam fliegt ihr immer höher. Die Häuser, Straßen und Bäume werden immer kleiner. Ihr fliegt höher und höher. Immer höher. Die Erde liegt jetzt unter euch. Du siehst die blauen Ozeane, die weißen Wolken und auch die braunen Kontinente. Irgendwo dort unten lebst du.

Ihr seid jetzt im Weltraum. Du fühlst dich leicht, und du staunst über die vielen Sterne. Da sind große und kleine, helle und weniger helle Sterne. Manche sind in deiner Nähe, andere sind ganz weit weg. Du schaust zurück und siehst die Erde nur noch als kleinen blauen Punkt.

Ihr fliegt weiter und weiter, und du kuschelst dich in Babubas Beutel ein. Bei Babuba bist du sicher und geborgen. Ihr beide seid ein tolles Team. Du spürst, wie Babuba ein- und ausatmet und dabei leise brummt. Das macht er ja immer, wenn er glücklich und zufrieden ist.

Und auch du kannst deinen Atem spüren.
Er kommt und geht, er strömt ein und aus,
ganz ruhig und gleichmäßig, ganz von allein.
Er strömt in deine Nasenlöcher rein und wieder raus,
deine Brust hebt und senkt sich,
auch dein Bauch hebt und senkt sich.

Du merkst, wie leicht und schön es ist, auszuatmen
und beim Ausatmen alle Luft loszulassen.
Sie verschwindet einfach im Weltraum.
Ihr fliegt immer weiter,
immer weiter durch den Weltraum.
Du atmest ein und aus.
Dein Atem kommt und geht,
und du fühlst dich einfach wohl.

»Guck mal«, sagt Babuba nach einer Weile – und zeigt mit seiner rechten Tatze auf einen kleinen Gegenstand, an dem ihr gerade vorbeifliegt. Zuerst kannst du nicht erkennen, was es ist. Aber als du genauer hinschaust, siehst du, dass es ein kleiner Koffer ist.

Kurze Zeit später fliegt ihr an einem weiteren Gegenstand vorbei. Diesmal ist es ein rotes Käppi. Und danach seht ihr ein Spielzeugauto, gefolgt von einer grünen Brotbox. Du guckst Babuba fragend an. »Warte noch ein bisschen«, sagt er und

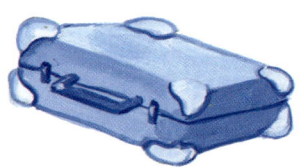

   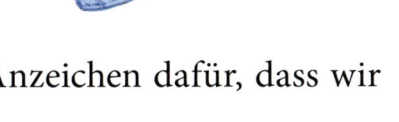

schmunzelt. »Das sind die ersten Anzeichen dafür, dass wir bald am Ziel unserer Reise sind.«

In den nächsten Minuten fliegt ihr noch an einem Schal, einem Paar Turnschuhe, einem Bilderbuch, einem Rucksack, einem Schlüsselbund, einem großen bunten Strandtuch, einer Armbanduhr, einer Trinkflasche, einer Halskette mit einem kleinen goldenen Anhänger und einer Sonnenbrille mit dunklen Gläsern vorbei. Alle Gegenstände werden von einem kleinen Planeten angezogen, der um eine große helle Sonne kreist.

Ihr kommt dem Planeten immer näher, und jetzt kannst du auch alles genau sehen: Der kleine Planet ist umgeben von einem breiten Ring, der aus Millionen kleiner und größerer Gegenstände besteht.

»Das sind alles Dinge, die Menschen auf der Erde verloren, weggeworfen oder irgendwo vergessen haben«, erklärt dir Babuba. »Bei Wissenschaftlern und Sternforschenden heißt der Planet: Mini-Terra-X3. Hier im Weltraum nennen ihn aber alle einfach nur den Planeten der verlorenen Gegenstände.«

Um auf ihm zu landen, müsst ihr erst mal durch den Ring fliegen. Das ist gar nicht so einfach. Babuba hat ganz schön zu tun. Er schiebt mit seinen Tatzen die Gegenstände beiseite, während er vorsichtig durch den Ring gleitet.

Und dann habt ihr es geschafft. Ihr seid durch den Ring geflogen und setzt nun zur Landung an. Dafür streckt Babuba sei-

ne Arme zur Seite hin aus – so als ob er auf einem Skateboard stehen würde –, und schon kurze Zeit später landet er sicher auf seinen großen Tatzen.

Auf Mini-Terra-X3 wohnen der Schnuffelbiber Kalle und seine Familie, sonst niemand. »Kalle ist nur sein Rufname«,

erklärt dir Babuba. »Sein vollständiger Name lautet: Kal-
le-Bibo-Tartufo-Labino-sum-konté vom sprudelnden Wasser
am Wald-sim-tim-la-bim.« Und während Babuba noch versucht, den langen Namen unfallfrei auszusprechen, kommt
Kalle auch schon angelaufen.

Kalle ist etwas kleiner als du. Sein Fell ist braun, und wie alle Biber hat er zwei große Schneidezähne und einen breiten platten Schwanz, der fast so aussieht wie ein Tischtennisschläger. Wenn Kalle sich mal ausruhen will, dann setzt er sich einfach auf seinen breiten Schwanz und schnuffelt ein paarmal genussvoll an seinem gelben Halstuch. Vielleicht hast du ja auch ein Tuch oder ein Stofftier, an dem du gerne schnuffelst oder huschelst, wenn du müde bist oder deine Ruhe brauchst. Und noch was fällt dir an Kalle auf: Er trägt rote Turnschuhe.

Babuba und der Schnuffelbiber haben sich einige Monate nicht mehr gesehen. Deshalb umarmen sie sich zur Begrüßung erst einmal herzlich. Kalle freut sich, dass Babuba dich mitgebracht hat. »Ich bin Kalle«, sagt er und zwinkert dir freundlich zu. »Fühl dich hier bei uns wie zu Hause. Wenn du was brauchst, sag einfach Bescheid.« Du magst Kalle sofort und bist neugierig, was du hier auf dem Planeten erleben wirst. Und während Babuba und Kalle alle Neuigkeiten austauschen, schaust du dich schon mal ein bisschen um.

Kalles Planet ist wirklich ein ganz kleiner Planet. Man braucht nur ein paar Minuten, um ihn zu Fuß zu umrunden. Auf dem Planeten gibt es einen kleinen Wald, ein großes Gemüsebeet und einen See mit einer Biberburg am Ufer. Dort in der Biberburg wohnt die gesamte Schnuffelbiberfamilie. Weiter hinten siehst du dann auch noch einen kleinen Berg, auf dessen Spitze eine weiße Fahne weht.

»Es ist super, dass ihr da seid. Wenn ihr Lust habt, könnt ihr mir gleich mal ein bisschen helfen. In den letzten Tagen sind ziemlich viele Gegenstände oben aus dem Ring zu uns heruntergefallen«, erzählt Kalle. »Ich muss sie alle einsammeln und auf dem Berg da drüben stapeln. Heute kommt nämlich Wummi und holt alle Sachen ab.«

»Wummi ist ein großer Wal. Wahrscheinlich ist er das größte Lebewesen im gesamten Universum«, erklärt dir Babuba. »Er ist ganz, ganz lieb. Alle im Weltraum mögen ihn.« Auch auf der Erde gibt es Wale. Aber im Gegensatz zu Wummi leben Erdenwale im Meer und können nicht fliegen.

Wummi ist im Weltraum so eine Art Postbote. Er holt Dinge von einem Planeten ab und bringt sie zu anderen Planeten – so ähnlich wie die großen Schiffe auf der Erde, die auf den Weltmeeren unterwegs sind und Computer, Autos, Kühlschränke, Obst, Getreide, Schokolade oder Spielzeug hin- und hertransportieren.

Wummi ist immer unterwegs. Er kann gleichzeitig schlafen und wach sein. Während er gemächlich durchs Universum fliegt, schläft er oft tief und fest. Manchmal schnarcht er dabei so laut, dass es sich wie Donnergrollen anhört. Die Menschen auf der Erde denken dann immer, dass ein Gewitter aufzieht, und machen schnell die Fenster zu. Dabei ist es nur Wummi, der laut schnarchend durchs Universum fliegt. Einmal im Monat holt Wummi alle Gegenstände ab, die sich auf

Mini-Terra-X3 angesammelt haben. Und heute ist es mal wieder so weit.

Natürlich helft ihr Kalle, alle Gegenstände einzusammeln. Babuba bekommt dafür von Kalle einen großen Sack und los geht's. Du und Babuba kümmert euch um die rechte Seite des Planeten, und Kalle übernimmt die andere Hälfte. Du staunst, was ihr hier alles findet: einen kleinen Wecker, eine Puppe, ein Handy, einen Kugelschreiber, zwei Mandarinen, einen Hammer, ein Stofftier, ein kleines Kissen, eine Taschenlampe, noch eine Puppe, eine dicke Wollmütze, ein gerahmtes Katzenfoto, eine Trillerpfeife, einen Turnbeutel, einen Kopfhörer, ein großes Kissen, noch ein Foto – und zwar ein Foto mit einer Kuh auf einer grünen Wiese. Ihr findet auch eine Packung Kekse, ein weißes T-Shirt, ein rotes T-Shirt, noch einen Kugelschreiber, eine fast abgebrannte Kerze, eine kleine Holzfigur, blaue Shorts, eine Tüte Bonbons und viele andere Dinge, die die Menschen auf der Erde verloren, weggeworfen oder irgendwo liegengelassen haben.

Euer Sack ist randvoll, als ihr bei dem kleinen Berg ankommt. Und auch in Kalles Sack geht nichts mehr rein. Babuba und Kalle schütten die Sachen aus und stapeln sie anschließend auf dem Berg, der dadurch noch ein klein wenig größer wird. Ihr seid gerade noch rechtzeitig fertig geworden. Denn über euch ist Wummi schon angekommen und hat angefangen, all die Sachen, die im Ring um den Planeten kreisen, vorsichtig

in sein Maul zu saugen. Das Geräusch, das er dabei macht, klingt so ähnlich, wie wenn du mit einem Strohhalm die Reste deines Safts aus einem Glas schlürfst.

»Ohne euch hätte ich das wirklich nicht so schnell geschafft. Vielen Dank für die Hilfe«, sagt Kalle und schnuffelt zwei-, dreimal erleichtert an seinem gelben Schnuffeltuch.

Gemeinsam beobachtet ihr, wie Wummi die Gegenstände aufsaugt, die im Ring um den Planeten kreisen. Er passt dabei gut auf, denn es soll ja nichts kaputtgehen. Als er oben fertig ist, lässt er sich ganz vorsichtig zu euch herabsinken, um auch den Berg mit den gesammelten Sachen einzusaugen. Boah, Wummi ist wirklich sehr, sehr groß. Fast so groß wie der ganze Planet.

»Wummi fliegt jetzt direkt nach Mo-Sam«, erklärt Kalle.
»Dort werden die Sachen auf langen Tischen ausgelegt, und
wer von den Mo-Samern etwas davon braucht, kann es sich
einfach nehmen. Ganz ohne dafür zu bezahlen.« Babuba
findet das super: »Toll, oder?«, sagt er. »So werden die vielen

weggeworfenen Gegenstände weiter genutzt und landen nicht im Müll.«

Wummi ist jetzt fertig, und nachdem er einen kleinen Rülpser gemacht hat, fliegt er los zum Planeten Mo-Sam. Schon bald ist er nur noch ein kleiner, schnarchender Punkt im Universum.

»Nach so viel Arbeit haben wir uns einen leckeren Beerensaft verdient«, sagt Kalle. »Wir Schnuffelbiber machen den Saft selbst. Wir sammeln die Beeren in unserem kleinen Wald und machen daraus den besten Beerensaft im ganzen Universum. Probiert ihn mal!« Und Kalle hat recht. Der Saft schmeckt wirklich richtig lecker.

Kalle möchte dir jetzt sein Zuhause zeigen. Es ist die Biberburg, die sich am Ufer des Sees befindet. Von weitem sieht es wie ein unordentlicher Haufen Äste und Zweige aus. Doch als ihr euch der Biberburg nähert, erkennst du, dass die Äste und Zweige so ineinandergesteckt und -geflochten wurden, dass sie auch richtig gut halten.

Die Biberburg besteht aus zwei Teilen. Ein Teil ist unter Wasser, und der andere Teil ist über Wasser. Babuba hebt dich hoch, damit du dir durch die kleinen Fenster der Biberburg das Wohnzimmer der Schnuffelbiber anschauen kannst: Du siehst eine gemütliche Couch mit bunten Kissen, zwei große Sessel, eine Stehlampe, einen Fernseher, einen kleinen Schrank und einen großen Esstisch mit sechs Stühlen.

Den unteren Teil der Biberburg kannst du von hier nicht sehen, denn er liegt ja unter Wasser. Kalle beschreibt dir deshalb, wie es da aussieht: »Im unteren Teil sind unsere Küche, die Schlafzimmer und eine Toilette. Was wir in der Biberburg nicht haben, ist ein Bad mit einer Dusche oder einer Wanne. Aber das brauchen wir auch alles nicht, denn wir sind ja ganz viel im Wasser und deshalb immer frisch gewaschen.«

Babuba nickt zustimmend, und er erzählt dir, dass sich dort im unteren Teil der Biberburg auch der Eingang befindet. Das heißt, wer hineinmöchte, muss tauchen. Für Schnuffelbiber ist das natürlich überhaupt kein Problem. Sie können ganz lange die Luft anhalten. Viel länger als du oder deine Eltern.

Als Nächstes möchte dir Kalle die Schule der Schnuffelbiberkinder zeigen. Und ihr braucht auch gar nicht weit zu laufen. Denn von der Biberburg bis zum Wald, in dem der Unterricht stattfindet, sind es nur ein paar Schritte.

»Hier lernen unsere Schnuffelbiberkinder, welche Pflanzen essbar sind, wo sie leckere Wurzeln finden und was alles in einen Beerensaft gehört, damit er auch gut schmeckt«, erzählt dir Kalle stolz und schnuffelt kurz an seinem gelben Halstuch.

Im Moment trainieren die Schnuffelbiberkinder das Fällen von Bäumen. Mit ihren langen Vorderzähnen knabbern sie so lange an einem Baumstamm, bis er aussieht wie ein Bleistift, der auf der Spitze steht. Und dann müssen die Schnuffelbi-

berkinder ihn nur noch mit ihren Pfoten
ganz sanft anschubsen, und schon fällt
der Baumstamm um.

Für Schnuffelbiber ist es ganz wichtig, dass sie Bäume fällen können. Sie essen nämlich am liebsten die Blätter der Bäume. Da sie aber nicht klettern können wie etwa Eichhörnchen, fällen sie die Bäume, um an die Blätter in der Baumkrone heranzukommen. Außerdem brauchen sie die Äste und Zweige für die Biberburg, denn die muss ja immer wieder mal ausgebessert werden.

Kalle will euch jetzt noch was ganz Besonderes zeigen. Doch bevor ihr weitergeht, kuschelt Kalle eine Runde mit allen Schnuffelbiberkindern.

Nachdem alle genug gekuschelt haben, erzählt euch Kalle, was er euch noch unbedingt zeigen möchte: »Es gibt bei uns auf dem Planeten einen Baum, der nicht angeknabbert werden darf. Es ist ein ganz besonderer Baum. Und zu diesem Baum gehen wir jetzt.« Auch Babuba kennt den Baum noch nicht, und du merkst, dass er sich freut, etwas Neues kennenzulernen.

Euer Weg führt euch am Gemüsebeet vorbei. Hier wachsen neben Kartoffeln, Bohnen und Tomaten auch große Kürbisse. Die Schnuffelbiber machen aus dem Kürbisfleisch leckere Buletten, und aus der Schale schnitzen sich die Schnuffelbiberkinder kleine Boote, mit denen sie auf dem See herumfahren. Dabei dient ihnen ihr breiter Schwanz als Paddel.

»Wir sind gleich da«, sagt Kalle. Du wunderst dich, weil ihr nirgendwo einen Baum seht. »Stopp«, ruft Kalle plötzlich.

»Nicht bewegen. Ihr steht schon genau vor ihm. Ihr braucht nur zwei-, dreimal zu blinzeln, und dann seht ihr ihn auch.« Und es stimmt. Nachdem ihr zwei-, dreimal geblinzelt habt, seht ihr den Baum direkt vor euch. Fast wärst du gegen ihn gelaufen.

Es ist ein großer Kastanienbaum mit einem dicken Stamm und vielen Ästen, Zweigen und Blättern. Normalerweise tragen Kastanienbäume ja viele Kastanien, die im Herbst herunterfallen. Viele Kinder sammeln die Kastanien dann auf und basteln daraus kleine Figuren. Vielleicht hast du das ja auch schon mal gemacht. Bei diesem Kastanienbaum ist das allerdings anders. Es ist ein Zauberkastanienbaum. Deshalb kannst du ihn auch nur sehen, wenn du vorher geblinzelt hast.

Der Kastanienbaum hier auf dem Planeten der Schnuffelbiber trägt nur drei Kastanien im Jahr. Dafür sind es aber ganz besondere Kastanien. Sie sind nicht braun, sondern haben eine goldene Farbe und glitzern im Sonnenlicht. Das Tolle daran: Wenn du sie beim Einschlafen in der Hand hältst oder unter dein Kopfkissen legst, dann hast du nur schöne Träume. Einige wenige dieser Zauberkastanienbäume gibt es auch auf der Erde. Wenn du mit deinen Eltern im Park oder im Wald spazieren gehst, kannst du ja ab und zu mal blinzeln. Vielleicht entdeckst du dann ja einen solchen Zauberkastanienbaum.

Kalle hat jedenfalls vor ein paar Jahren herausgefunden, dass auch schon ein kleines Stück einer Kastanie ausreicht, um richtig toll einschlafen zu können. Deshalb zerteilt er die goldenen Kastanien in kleine Stücke und schenkt sie seinen Freunden. Und ihr habt heute großes Glück. Denn kurz bevor ihr angekommen seid, ist eine goldene Kastanie vom Baum gefallen. Und natürlich möchte Kalle dir und Babuba ein kleines Stück schenken.

Kalle schnuffelt zweimal an seinem gelben Halstuch und zerteilt dann vorsichtig mit seinen Vorderzähnen die Kastanie. Dabei macht er lustige Schmatzgeräusche. Kalle ist wirklich sehr geschickt, und schon nach kurzer Zeit liegen viele kleine

Kastanienstückchen in seiner Pfote. Sie sind gerade mal so groß wie der Nagel an deinem kleinen Finger.

Ihr dürft euch jetzt jeder ein Stückchen nehmen, und kaum hältst du deins in der Hand, wirst du angenehm müde. Und auch Babuba muss gähnen. »Danke, Kalle. Das ist ein tolles Geschenk«, sagt er und muss gleich noch mal gähnen.

Nun wird es Zeit, nach Hause zu fliegen. Ihr verabschiedet euch von Kalle, dem Schnuffelbiber, und glücklich und zufrieden kletterst du in Babubas Beutel. Wie immer hebt Babuba zum Start seinen linken Arm, zählt bis drei: Eins, zwei, drei – und schon fliegt ihr los. Du schaust noch mal zurück und siehst, wie Kalle an seinem gelben Halstuch schnuffelt. Du winkst ihm zu, und natürlich winkt er dir auch. Ihr beide seid ja nun schon richtig gute Freunde.

Vorsichtig fliegt Babuba durch den Ring um den Planeten, wo sich schon wieder ein paar verlorene, vergessene oder weggeworfene Gegenstände von der Erde angesammelt haben. Und kurz darauf seid ihr wieder im Weltraum. Um dich herum sind viele Sterne – große und kleine. Du machst die Augen zu und fühlst dich richtig wohl. In Babubas Beutel ist es kuschlig warm. Angenehm warm.

Die Wärme macht dich schwer und müde.
Spür mal, wie die Wärme dich ganz und gar umgibt
und sich Müdigkeit in dir ausbreitet. Das ist sehr angenehm.
Du atmest ein und aus.
Mit jedem Atemzug wirst du ruhiger, immer ruhiger,
müde und zufrieden.

Du bist ganz ruhig;
angenehm schwer, angenehm warm.
Ganz entspannt, zufrieden und müde.

Dein ganzer Körper ist angenehm schwer;
angenehm warm,
ganz entspannt, zufrieden und müde.

Ihr fliegt weiter und weiter, immer weiter Richtung Erde.
Du bist ganz ruhig und entspannt.

Angenehm schwer, angenehm warm,
ganz entspannt, zufrieden und müde.

Ganz ruhig …
Angenehm schwer, angenehm warm.
Vollkommen entspannt, zufrieden und müde.

Babuba fliegt jetzt an der Sonne vorbei, und dann siehst du auch schon die Erde – deine Heimat. Zuerst ist sie noch ganz klein, aber sie wird schnell immer größer. Du staunst, wie rund und blau die Erde von oben aussieht. Du erkennst die Kontinente, die blauen Ozeane, zum Teil verdeckt von gro-ßen weißen Wolken.

Langsam, ganz langsam schwebt ihr hinunter. Du kannst alles schon deutlich im Mondlicht sehen: die Häuser, Bäume, Straßen und Autos. Und mit einem Mal bist du wieder in deinem Zimmer. Eine supersanfte Landung war das!

Babuba hebt dich aus seinem Beutel und legt dich vorsichtig in dein Bett. Er setzt sich noch mal kurz auf die Bettkante, und nachdem er dir fest versprochen hat, dich bald wieder zu besuchen, fliegt er zurück zu seinem Heimatplaneten Tum-Tum am Rande der Milchstraße.

»Tschüs, Babuba«, sagst du gähnend und machst die Augen zu. In deiner Hand hältst du das kleine goldene Stückchen Kastanie, das dir Kalle zum Abschied geschenkt hat.

Du lächelst, und du weißt, dass alles gut ist.

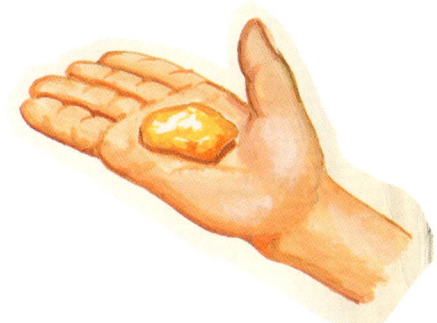

Liebe Vorleser*innen,

ihr könnt die Babuba-Geschichten noch lebendiger machen, wenn ihr mit den Kindern abends gemeinsam den Sternenhimmel betrachtet – besonders im Urlaub macht das großen Spaß. Ihr könnt dabei überlegen, wo sich am Sternenhimmel Babubas Heimatplanet Tum Tum befinden könnte. Oder ihr haltet Ausschau nach dem Planeten der bunten Drachen. Vielleicht versucht ihr auch, das Schnarchen von Wal Wummi zu hören, während er durch das Universum fliegt. Mit etwas Glück seht ihr sogar eine Sternschnuppe … wer weiß, vielleicht ist das ja Babuba selbst :)

Erschienen bei FISCHER Sauerländer

© 2024 Fischer Kinder- und Jugendbuch Verlag GmbH,
Hedderichstraße 114, D-60596 Frankfurt am Main
Die Nutzung unserer Werke für Text- und Data-Mining
im Sinne von § 44b UrhG behalten wir uns explizit vor.

Umschlaggestaltung: Dahlhaus & Blommel Media Design, Vreden
Umschlagabbildung: Henning Löhlein
Satz: Dahlhaus & Blommel Media Design, Vreden
Druck und Bindung: Print Consult GmbH, München
Printed in Slovenia
ISBN 978-3-7373-7222-0